A

SA MAJESTÉ L'EMPEREUR

DES FRANÇAIS

RÉPONSE D'UN ÉLECTEUR

PAR

A. F. COUTURIER DE VIENNE

DOCTEUR EN DROIT

CHEF D'ESCADRON D'ÉTAT-MAJOR EN RETRAITE

———

Prix : 75 centimes

———

PARIS

ARMAND LE CHEVALIER, ÉDITEUR

RUE DE RICHELIEU, 61, A PARIS

—

1870

A

SA MAJESTÉ L'EMPEREUR

DES FRANÇAIS

L'Empereur des Français daigne s'adresser à tous les électeurs, et à chacun d'eux en particulier ; par cela même, ce nous semble, S. M. accorde à tout électeur la grâce et la liberté de lui répondre.

C'est ce que je vais faire avec toute franchise.

Entrant tout de suite en matière, *medias in res*, nous passerons légèrement sur le titre II ; les dynasties ne se fondent guère par les constitutions ; elles ne se maintiennent que tant qu'elles sont utiles, et tombent assez rapidement dès qu'elles veulent s'imposer.

Un gouvernement se ressent toujours de son origine ; c'est ce que nous lisons dans les œuvres du prince Louis Bonaparte.

Nous ne croyons pas manquer de respect au souverain, respect dont nous ne nous départirons pas, en disant qu'il faut en vérité toute la maladresse du brave M. Ségur d'Aguesseau pour rappeler les six, les huit millions de voix données en 1851 et 1852.

Eh, grand Dieu ! ce sont là de ces dates néfastes que la France, qui ne veut que la paix, s'efforce d'oublier ; et, reprenant un peu vie, elle commençait à oublier. Il faut avouer, nous le disons sans ambages ni circonlocutions, que c'est une bien malheureuse idée de raviver de douloureux souvenirs en rentrant dans l'ère des plébiscites.

Le prince Louis Bonaparte, qui est doué d'une si grande pénétration, n'ignore pas pourquoi et comment il a été nommé à la Présidence.

Cette malheureuse république a cruellement hérité des fautes et des crimes de sa devancière ; puis elle était si mal servie par des républicains n'ayant pas foi dans la République, par des braillards qui effrayaient le bon bourgeois ; autour d'elle se groupaient les anciens partis, et tous se mirent à l'ouvrage ; ils nommèrent un prince président, en ne le prenant guère au sérieux, car ils se figuraient que c'était un acheminement à une restauration de la branche aînée ou de la branche cadette, et à ce jeu ils ne se doutaient guère qu'il retournerait... Empire.

Mais le prince président était plus fin qu'eux tous, et, avec une suite admirable dans les idées, il cheminait sûrement. Son mot à Bordeaux, *l'Empire c'est la paix*, est un chef-d'œuvre.

Le Français né malin se permettait d'agréables plaisanteries ; mais, lorsqu'au 2 décembre 1851 la France fut ensanglantée, lorsqu'elle vit 26,500 de ses enfants les plus énergiques déportés (c'est le chiffre qu'accuse M. Granier de Cassagnac, le fougueux panégyriste du coup d'État), la pauvre France émasculée ne trouva plus le plus petit mot pour rire.

L'empire était fait, grâce à l'historien national qui a si étrangement défiguré l'histoire du premier empire, grâce à notre Tyrtée français, Béranger, le conscrit réfractaire qui dut d'échapper à la conscription à sa calvitie précoce, en saluant bien bas messieurs les gendarmes, ainsi qu'il nous le raconte dans ses mémoires.

Le nom de Napoléon était devenu légendaire, et, pour ce bon populaire, il suffit qu'on lui ait mis un nom dans la tête pour qu'il le crie à tue-tête.

Puis le prince président trônait aux Tuileries; en fait de meubles, possession vaut titre, et certes, en France, le trône est bien un meuble.

C'était l'empire ou la guerre civile, et un second plébiscite donna 7 à 8 millions de suffrages.

Mais enfin, la France, tenue pendant dix-huit ans sous la machine pneumatique, avec une presse timbrée et muselée, avec un semblant de corps législatif n'ayant pas l'initiative, condamné à voter en bloc un budget sans pouvoir en retrancher un chiffre; la France déploya une patience qui prouve bien qu'elle est la nation la plus facile à gouverner, pour peu qu'on l'amuse par des phrases : *prospérité toujours croissante, honneur du drapeau, institutions que toute l'Europe nous envie, la première nation du monde, Paris capitale du monde,* etc., et surtout qu'on lui fasse peur; car c'est un étrange peuple, il y a longtemps qu'on l'a dit, il n'a de courage que sur les champs de bataille.

Mais enfin, elle commençait à se lasser de ce régime qui l'étouffait; elle commençait à s'apercevoir que l'Empire n'était pas toujours la paix; que la prospérité, toujours croissante pour quelques-uns, était en définitive la misère pour tous; et en effet, le seul grand homme du temps du fastueux Louis XIV, Vauban, l'a dit terre à terre : « La richesse d'un peuple se mesure sur le plus ou moins de facilités qu'il trouve à se procurer les choses de première nécessité. »

La France sentit instinctivement que, *tout inépuisable*
qu'elle soit, comme on le lui répète, elle arriverait à la
banqueroute, et elle voulut tenir un peu les cordons de
sa bourse. Après la Crimée et l'Italie vint le Mexique;
et, en voyant cet immense déploiement de forces militaires qui, armée et marine, lui coûtent un million et
demi par jour, ces énormes dépenses pour inventer
des engins de destruction qui font en vérité frémir
l'homme de sang-froid, elle fut prise de terreur qu'il
ne passât un beau jour par la tête de son souverain de
s'en aller encore en guerre, ne fût-ce que pour l'empêcher de songer par trop à ses affaires de l'intérieur,
et tout aussitôt elle se rappela 1814, 1815, et de trem-
bler; car, en vérité, si la France s'est donné un second
Empire, elle n'a certes pas voulu que ce second Empire
fût la répétition du premier et lui amenât une troisième
invasion... Et tout de suite on m'arrête, on se récrie :
mais enfin, il faut bien admettre cependant qu'avec la
division des esprits, à une de ces époques troublées où
il est si difficile, comme l'a dit un maître, non de faire
son devoir, mais de le connaître, il faut admettre la
possibilité d'une guerre malheureuse.

Bref, les élections de 1869, bien que faussées et fre-
latées par MM. les préfets à poigne et MM. les maires,
juges de paix et gardes champêtres trop zélés, donnè-
rent une si imposante minorité que notre souverain,
rendons-lui-en grâce, sentit, avec la perspicacité qui le
caractérise, qu'il était temps de rendre à ce peuple si
facile à mener un peu de liberté de langue, un peu d'air
dans les poumons, et nous vîmes arriver le ministère
des *honnêtes gens* les mains pleines de promesses, puis le
sénatus-consulte; et il y eut un moment, bien court il
est vrai, où on espéra, où on crut que l'autorité et la
liberté pouvaient faire bon ménage, où les partis eux-

mêmes allaient s'embrasser, quitte à laisser derrière eux quelques irréconciliables, *voces clamantes in deserto.*

Mais, hélas! quel baiser Lamourette!

Ne voilà-t-il pas que sans crier gare, alors qu'il n'était question que d'obtenir du Sénat... tout ce qu'on lui demanderait..., ce qui ne souffrait pas la moindre difficulté; ne voilà-t-il pas que notre gouvernement verse en plébiscite... Mais, grand Dieu! que va-t-il faire dans cette galère?

Un plébiscite... Eh bien, si encore il ne s'agissait que d'un plébiscite... Eh bien, nous nous résignerions, puisque c'est la toquade gouvernementale; mais être condamnés au plébiscite à jet continu, au plébiscite de Damoclès éternellement suspendu sur nos têtes... Non, jamais!

Mais alors à quoi bon élire des députés, se donner bien du mal pour échapper à tous les piéges tendus par les innombrables agents de l'autorité, dans un pays où tous veulent être fonctionnaires, où l'on ne mendie pas, comme en Italie ou en Espagne, dans les rues, mais dans les antichambres : à quoi bon si nous devons tomber dans le traquenard plébiscitaire?

Mais, en vérité, l'honorable M. Buffet, mon ancien frère d'armes, le digne et honorable M. Daru, qui n'a eu d'autre tort que de se mêler des affaires du pape qui ne le regardaient pas, en se retirant devant le plébiscite, avaient, ce me semble, donné un conseil bien salutaire à leur gracieux souverain.

Et les autres membres du cabinet auraient bien dû suivre l'exemple de leurs honorables collègues; mais, hélas! on veut jouer un rôle : l'aimable, l'éloquent M. Ollivier se berce dans son éloquence, il se grise de sa parole..., maintenant qu'un président de tribunal correctionnel ne la lui retire pas... Il se figure qu'il est de taille à maîtriser la situation ; et, comme il a une grande confiance en lui-même, il se croit peut-être déjà un Casimir Périer, un Cavour ; il s'imagine qu'il fera peur à M. de Bismark, et il ne s'aperçoit pas qu'il n'est qu'un Rouher édulcoré. Rouher, Olivier, aujourd'hui ils peuvent se donner la main, tous deux ne sont que des avocats.

Puis, M. Olivier a été sans doute séduit par l'Empereur... Notre souverain est, dit-on, très-aimé par tout ce qui l'entoure, et il est d'une séduction prestigieuse, quand il veut s'en donner la peine. L'éloquent et naïf commissaire du gouvernement pendant la République a été séduit.

Mais nous autres, au nombre de 38 millions, qui n'avons jamais eu à subir l'*onanisme des cours*, ainsi que l'a dit le grand poëte impérial Belmontet dans un vers célèbre, nous ne demandons que la paix, la sécurité, et nous vous donnerons, Sire, de meilleurs conseils que vos sénateurs, que vos ministres.

Craignez le plébiscite : votre cousin l'a dit, c'est une dérision ou une révolution. Eh quoi ! vous avez une armée de 500,000 hommes, une autre armée de près de 800,000 fonctionnaires, puis cette innombrable armée de braves gens, c'est-à-dire la majorité de la France qui ne demande que le repos et tremble au nom de révolution ; quoi ! vous défiez-vous donc de cette vertu toute française que j'appellerai *aménité* (il est vrai que le rude Saint-Simon disait *la platitude française*)? Vous vous faites des points noirs, vous rêvez un conflit possible entre l'empereur et la chambre !

Mais que Votre Majesté veuille bien réfléchir : croit-elle que, le cas échéant, elle pourrait résister à une chambre vraiment nommée par le peuple ? mais si, par impossible, il y avait lutte, c'est que le divorce serait consommé ; pensez donc que les armes tomberaient des mains des soldats eux-mêmes ; que vos généraux courraient ventre à terre aux Tuileries vous dire : « Sire, nous ne pouvons répondre des troupes. »

En appelleriez-vous, le cas échéant, au peuple ? Mais alors, Sire, *Dii, talia avertite!* ce ne serait plus la guerre civile, ce serait la guerre sociale que vous déchaîneriez sur cette malheureuse France, et vous avez l'âme trop grande et trop généreuse pour ne pas reculer devant une pareille éventualité.

Le noble roi de Hollande a mieux aimé abdiquer, mettre la clef sous la porte, que de pressurer à merci le peuple remis entre ses mains. Croyez-vous qu'il n'occupe pas une plus belle place dans l'histoire que Joseph, qui, abreuvé de dégoûts et d'humiliations par son terrible frère, écrivait d'Espagne : « A prix d'argent, je ne puis me procurer des espions, et j'ai bien de la peine à trouver même des domestiques. »

O Espagne ! bien que tu abuses un peu de l'épithète, tu as le droit de te dire *héroïque;* c'est à toi qu'on doit d'avoir arrêté le conquérant qui menaçait de renouveler dans l'Europe le césarisme, l'étouffement romain.

Mais je m'étais laissé entraîner, et je poursuis. Titre IV, art. 14, l'Empereur *déclare la guerre, fait les traités de paix.*

Et dire que dans tout ce Sénat, dans toutes ces *illustrations*, il ne s'est pas trouvé un homme pour s'écrier :

Quoi! notre malheureuse France peut être encore une fois condamnée à laisser, à la suite d'un conquérant, d'un fou à froid, une longue traînée de sang dans toute l'Europe, pour ramener l'Europe ameutée et acharnée se partager ses dépouilles!

Quoi! un Prince Impérial, élevé à jouer aux soldats, grisé par les vivat des camps de plaisance, pourra, pour

essayer son jeune courage, nous faire une expédition
du Mexique, puis couronner son auguste front de lau-
rier sur les monnaies dont il altérera le titre pour payer
ses victoires !

Mais le peuple français commence à être furieuse-
ment las de gloire et de victoires, parce qu'il sait ce
qu'elles lui coûtent.

Les poëtes, les faiseurs de dithyrambes, l'historien
national, n'empêcheront pas que l'histoire se fasse.

Aujourd'hui on a beau voir quelques rares couronnes
déposées par les vieux de la vieille au pied de cette fastueuse colonne « que n'osent pas contempler les mères »,
on ne peut s'empêcher de penser à ce terrible distique,
qu'un matin je vis briller un instant, dans mon enfance,
collé au funèbre monument :

> Tyran juché sur cette échasse,
> 'Si le sang que tu fis verser
> Pouvait tenir dans cette place,
> Tu le boirais sans te baisser !

Et le dernier mot qu'on prononçait bien bas du temps
de ce glorieux empire, veut-on que je le dise : « Encore une victoire ; grand Dieu ! cela ne finira donc jamais, cet homme nous prendra notre dernier homme,
notre dernier écu ! »

Qu'on juge quel concert de malédictions, lorsque
rien ne voulut plus lui réussir, comme il le disait, lorsque
les fermes incendiées, les femmes violées, les blessés
encombrant les hôpitaux, furent le lamentable spec-
tacle au lendemain de nos triomphes, si cruellement
payés de la haine implacable que l'Europe entière nous
a vouée et qu'elle entretient religieusement.

Titre V. *Le sénat se compose des cardinaux, des maréchaux.*

Des cardinaux, et à quoi bon?... par cela même qu'un homme est prêtre catholique, il s'est mis en dehors de l'humanité et de la civilisation.

Je regarde le culte catholique comme l'expression la plus fausse, la plus mentie du christianisme;

Je regarde la religion romaine comme un ferment de dissolution pour les nations qui ont le malheur d'être placées entre un souverain temporel et un souverain spirituel résidant à Rome, assis sur les baïonnettes autrichiennes depuis 1818, et sur les baïonnettes françaises depuis 1848. Je crois que cette religion a été la plaie de la race latine qui, et si elle ne s'en guérit pas, est destinée à périr comme les Peaux-Rouges devant les blancs.

Un banc de cardinaux : pourquoi pas à côté d'eux, dans un pays de liberté religieuse, les pasteurs de l'Église réformée, le grand rabbin?

Du reste, la papauté n'offre pas de dangers aujourd'hui ; l'Esprit-Saint est descendu, et il veut que sans luttes, sans effusion de sang, elle se détruise d'elle-même. Pas n'est besoin d'un Voltaire pour l'écraser, un Veuillot suffira pour l'achever.

Un banc de maréchaux... mais on peut être un très-grand homme de guerre et être un détestable législateur. Lorsqu'on offrait au maréchal de Saxe un fauteuil à l'Académie, il eut l'esprit de répondre que « cela lui irait comme une *bage à un cat* » (c'était son orthographe). Combien de nos illustrations militaires ne devraient-elles pas avoir la modestie de reconnaître leur incompétence quand il s'agit de légiférer! Leur éducation les rend même impropres à ce métier. Comment des hommes rompus à la discipline, à l'obéissance passive, à l'autorité du commandement, ne connaissant que l'emploi de la force pour la faire respecter, auraient-ils l'instruction, l'étendue de vue, le liant, le tact nécessaires pour faire des lois qui, dans une civilisation comme la nôtre, ne sont que des compromis entre les différents intérêts? Aussi, sauf de rares et brillantes exceptions, combien n'avons-nous pas vu de ces braves généraux allant à la chambre comme s'ils allaient monter la garde, au scrutin comme s'ils remplissaient une consigne !

Art. 15. *La justice se rend au nom de l'Empereur*. Fiction renouvelée des temps féodaux, alors que le seigneur avait sur sa terre haute et basse justice; puis le chêne de saint Louis à Vincennes, et autres rengaines. La justice se rend au nom du peuple et par le peuple, dont elle est le premier besoin.

Nous avions passé le titre IV : l'*Inamovibilité de la magistrature est maintenue.*

Très-bien ; mais encore, après un certain temps d'épreuves, et avant tout avec cette condition que les juges seront élus... non pas certes par l'électeur du coin de la borne, mais par tous les gens compétents, jurisconsultes, conseillers municipaux, notables, etc., en un mot, par le véritable suffrage universel, car celui dont nous jouissons avec un tiers de notre population qui ne sait pas même déchiffrer le nom qu'ils vont porter dans l'urne, le *suffrage universel est l'étranglement de la conscience humaine.*

C'est Proudhon qui l'a dit, et je le cite, quoiqu'il ne soit certes pas mon auteur ni mon autorité ; je ne ferai jamais de son œuvre indigeste mon épée de chevet.

Inamovibles... oui, mais à condition que les avancements se feront dans les différents ressorts par le choix des magistrats eux-mêmes assistés d'un certain nombre de notables pris en dehors, et que dans chaque tribunal ce seront les membres eux-mêmes qui nommeront leurs présidents et vice-présidents, *primi inter pares.*

Nous rendons pleine justice à nos magistrats; certes, lorsqu'il s'agira du tien et du mien, jamais on ne pourra remettre le soin de ses intérêts à des mains plus sûres et plus probes; mais lorsqu'ils sont continuellement placés, en matières politiques, entre leur conscience et leurs intérêts, ce sont des hommes, après tout, et leur conscience doit à la longue se fausser. Il est certain que les hommes valent mieux en France que les institutions; mais ils ont des textes de lois, des pénalités très-dures à appliquer, et la justice dans ses arrêts froisse continuellement la conscience publique.

Avec un article qui a pour rubrique : *Délit d'excitation à la haine et au mépris du gouvernement*, je ne crois pas, pour peu qu'on s'occupe, avec ou sans mandat, de ce qui est en définitvie notre affaire à tous; je ne crois pas qu'on puisse écrire une ligne sans qu'elle courre grand risque d'être incriminée,... et un malheureux écrivain dont la plume aura bronché, et qui aura dit ce que demain on criera sur les toits, se verra condamner à d'énormes amendes, à de longs mois de prison, tandis que d'ignobles coquins bénéficieront de l'adoucissement des mœurs et des circonstances atténuantes.

La vénalité des charges de judicature dans l'ancien régime était certainement un contre-sens, un contrebon sens; mais, en définitive, elle garantissait mieux l'indépendance du juge que le régime actuel, qui fait des solliciteurs d'avancement dans les antichambres ministérielles, d'autant plus exigeants et difficiles à éconduire, que l'inamovibilité assure sous leurs pieds l'échelon où ils sont parvenus et dont ils tendent à s'élancer plus haut avec un entrain qu'on ne pourrait trouver dans nulle autre carrière.

Titre VII. *Le conseil d'État...* A quoi bon mettre dans une constitution le conseil d'État? Que le souverain appelle autour de lui les hommes les plus distingués, les plus indépendants pour former son conseil, c'est affaire à lui; qu'il choisisse non ceux qui flatteront son amour-propre en partageant son avis ou en ayant l'air de se rendre vaincus par la force de ses raisons et par l'éclat de son éloquence; qu'il leur ouvre les carrières administratives, qu'il leur donne de beaux habits bien brodés et de beaux traitements, soit; mais, pour l'amour de la logique, que les affaires contentieuses soient rendues aux tribunaux ordinaires, car il est absurde que des fonctionnaires très-amovibles soient en même temps juges et parties.

J'ai fait pendant neuf ans partie du conseil d'État du roi Louis-Philippe, dans un grade infime, peu en rapport avec mon âge, avec le grade que j'occupais dans l'armée, et, j'ose le dire, avec mes travaux. Je m'étais figuré que pour m'ouvrir une nouvelle carrière et y marcher d'un pas plus sûr, il fallait commencer par le commencement; mais j'ai appris que le travail en France n'est pas toujours la meilleure recommandation.

Dans une pochade, notre illustre Gavarni mettait en scène deux ouvriers : « Où vas-tu? — Je vais travailler. — Allons donc! c'est bon pour des *feignants* de travailler. »

Eh bien! je crois que pour avancer, il vaut mieux aller prendre l'air du bureau quand on a un rapport à faire, et se faire voir dans les salons ministériels, que de compter sur son travail.

Dans ce temps, les appointements d'un conseiller d'État étaient de 12,000 fr.; ceux d'un maître des requêtes, de 5,000 fr. ; et cependant j'affirme qu'on trouvait des conseillers et des maîtres des requêtes fort capables et fort honorables. Je ne sais pas comment les choses s'y passent aujourd'hui. Mais qu'on me permette de dire qu'à cette époque le conseil d'État, qui a charge de surveiller, de redresser les agissements administratifs, était peut-être un peu indulgent. Que diable! on a une famille; et dans ce temps de fonctionarisme, on a peur de se mettre mal avec tel gros bonnet qui a le bras long, comme on dit, et on a un fils, un neveu, un gendre à caser. Il m'a semblé que le conseil d'État (je parle toujours de celui d'alors) s'ingéniait trop à mettre de l'huile dans les rouages de la machine administrative, tranchons le mot, à égorgiller tout doucettement la loi sans trop la faire crier.

Mais nous ne voulons pas abuser du droit de réponse si gracieusement octroyé...., et nous tâcherons d'être bref.

Quoi! encore une constitution après tant d'autres, et, en vérité, sur le patron des autres, de beaux modèles à imiter, entre autres cette constitution de l'an VIII, par exemple, dont Benjamin Constant, qui s'y connaissait, a dit qu'elle réunissait toutes les absurdités dont un législateur est capable : un tribunat qui parlait sans voter... (et à qui bientôt on a ôté la parole), un corps législatif qui votait sans parler (en voilà un qui ne faisait pas grand bruit!), un sénat qui regardait et laissait faire... Je me trompe, il votait des adresses au souverain et beaucoup de levées d'hommes. Il ne prit la parole qu'en 1814, pour prononcer, dans des termes assez durs, la déchéance de l'Empereur, en ayant soin de stipuler la conservation de ses traitements.

Mais, en vérité, une constitution nouvelle devait sortir de l'ornière. Au lieu d'invoquer les principes de 89 (qu'est-ce que c'est que ça? depuis dix-huit ans on nous en parle; à quoi bon?);

Au lieu d'inscrire en tête une fastueuse et ridicule déclaration des droits de l'homme, puis *Liberté, Égalité, Fraternité;*

Au lieu de la recommander *à la grâce de Dieu*, comme l'a demandé le bon M. Dupin, avec accompagnement d'orgue de Barbarie;

Qu'elle proclame :

La liberté individuelle;

La liberté des cultes;

La liberté de la presse;

La liberté d'association;

L'impôt voté par les mandataires du peuple, surtout le plus lourd de tous, l'impôt du sang, c'est-à-dire le droit de guerre et de paix;

Qu'elle déclare :

Que nulle loi ne pourra porter atteinte à ces libertés; que le juge (nommé, bien entendu, comme nous l'avons dit plus haut) sera poursuivi en forfaiture s'il appliquait jamais une loi qui se trouverait en contradiction avec ces principes sacrés, immuables et mis en dehors et au-dessus de toutes discussions et de tous pouvoirs.

C'est, du reste, ce qui se passe aux États-Unis; je ne l'ai pas inventé, car je ne fais que répéter la leçon que j'ai recueillie d'un éminent publiciste dont je suis l'auditeur le plus zélé et le plus attentif, étudiant de soixante-dixième année.

En 1815, Napoléon Ier avait fait rédiger son acte additionnel par Benjamin Constant, et certes il n'avait pu mieux s'adresser; car l'acte additionnel pouvait donner toutes les garanties désirables; mais, pour que le peuple l'acceptât, pour qu'il se levât en masse pour repousser l'Europe qui ne voulait plus de Napoléon, il eût fallu une confiance qu'il n'avait pas, il faut bien le dire, dans l'homme du 18 brumaire. Napoléon vaincu, c'était une seconde invasion avec toutes ses horreurs; Napoléon victorieux, c'était l'esclavage et toujours la guerre.

Sire,

Vous êtes entouré de gens qui vous encensent, vous crient de *faire grand*. Ne les croyez pas, tâchez de faire *bien*, et surtout de faire le bien de compte à demi avec le peuple.

Le despote le plus absolu, le plus puissant, pourrait-il charger un peuple d'impôts aussi lourds que ceux que subissent aujourd'hui les États-Unis? et cependant ils les payent allègrement, parce qu'ils se les sont imposés eux-mêmes.

Une faute n'est jamais lourde lorsqu'on peut la partager avec un peuple tout entier, qui est porté à se la pardonner; mais, lorsque le pouvoir se tient à une hauteur où à peine si les bruits d'en bas peuvent lui arriver, lorsqu'il croit qu'il lui suffit de communiquer sa volonté, comme par un fil électrique, à tous les coins de l'Empire, au moyen de ses nombreux agents; lorsqu'en un mot (qu'on me passe l'expression vulgaire), il veut faire la pluie et le beau temps ; tout va bien quand il réussit, mais du jour où il y a des points noirs, notre populaire si ignorant s'en prend à lui, et lui en veut de ce que le soleil n'a pas mûri le blé et que la récolte n'est pas bonne.

Votre Majesté a fait, ou plutôt tenté une grande chose, la liberté du commerce : pour la première fois enfin, au milieu des chambres de commerce, des compétitions d'intérêt dans le nord et dans le midi, sur le littoral ou dans l'intérieur, on songeait à un pauvre déshérité qui n'avait jamais eu voix au chapitre..., le consommateur..., rien que cela. Mais vous avez voulu faire seul cette grande chose ; la liberté du commerce a soulevé tous ces intérêts qui aujourd'hui crient bien haut et auraient été obligés de se taire devant la *vox populi*, c'est-à-dire devant les votes de ses mandataires.

Vous avez voulu faire une réserve à l'armée, et rien n'est plus indispensable dans l'état actuel de l'Europe, car on a bientôt vu la fin de la plus belle armée ; mais cette création de la garde mobile impliquait nécessairement la diminution d'une bonne moitié de l'armée permanente ; car enfin la France ne peut pas, sous peine de se dépeupler et de tomber en banqueroute, payer plus longtemps 700 millions par an pour ses forces de terre et de mer, et éterniser cet horrible fléau qui s'appelle la paix armée.

Autour de Votre Majesté, on répète l'éternel concert de la *prospérité toujours croissante* : oui pour les manieurs d'argent qui ont fait de grandes fortunes. Et les impôts indirects qui chaque trimestre donnent des augmentations mirifiques : je le crois parbleu bien, avec les impôts sur le tabac, le timbre, les alcools. Les revenus de la ville de Paris, qui jadis étaient modestement de 50 millions, s'élèvent aujourd'hui à 275 millions avec les annexions, les droits d'entrée, les bâtisses, etc.

Mais le quart d'heure de Rabelais est arrivé ; il faut, comme disait M. de Falloux sous la République, *il faut en finir* avec les ateliers nationaux que M. Haussmann, l'homme funeste de votre règne, a inaugurés.

Votre auguste prédécesseur, Henri IV, est le seul roi dont le peuple ait gardé la mémoire, rien que pour lui avoir mis l'eau à la bouche, en lui promettant la poule au pot, le charmant Gascon !

Eh bien, Sire, daignez vous informer du prix de la viande, de celui des logements, et Votre Majesté se convaincra facilement que cette prospérité toujours croissante se traduit en une misère tous les jours plus lourde et qui menace de devenir insupportable. De là, les grèves, les suicides, les faillites, la dépopulation.

Au lieu de ces conseillers qui vous entourent, des Rouher, et autres, qui ont une éloquence et des phrases toutes prêtes à votre service ; des Persigny (je ne puis citer ce nom sans penser au temps où M. le duc Pasquier, à la chambre des pairs, l'interpellait : *Dites donc, Fialin !* c'est qu'alors *Fialin* était sans *Persigny*) ; au lieu de ces paladins qui acceptent le sénatus-consulte parce que Votre Majesté reste armée de toutes pièces... désarmez, Sire, croyez-en les ennemis de ma sorte, et, dans votre intérêt, je vous en souhaiterais quelques millions, car ces ennemis sont de braves gens qui craignent Dieu et, les révolutions, qui s'inquiètent assez peu des beaux discours pour ne rien dire, voire même des admirables plaidoyers du brave M. Gambetta pour la république, parce qu'ils croient que l'étiquette du sac importe peu, parce qu'ils trouvent que la république Victoria est dans notre Europe la meilleure de toutes, et qu'ils s'arrangeraient parfaitement de la monarchie comme elle fonctionne en Belgique, en Hollande ; parce qu'ils veulent avant tout, par-dessus tout, l'ordre, la sécurité, du bien-être, et pour cela faire leurs affaires eux-mêmes, tenir les cordons de leur bourse, et surtout qu'on ne puisse pas envoyer leurs fils à la boucherie, sous prétexte de dignité de la France, d'équilibre européen ; car, si la guerre est le plus horrible des fléaux, elle est presque toujours encore plus bête qu'elle n'est atroce.

28 avril 1870.

OUVRAGES DU MÊME AUTEUR

Examen du projet de loi sur la justice militaire ; brochure, 1827.

Leçons de F. Schlegel sur les Beaux-Arts, 1830, avec un aperçu du traducteur sur l'état des arts plastiques en France, architecture, sculpture et peinture, in-8°, 404 pages, 1830.

Réponse à la dernière brochure de M. Chateaubriand, au sujet de la nouvelle proposition relative au bannissement de la famille royale, par un soldat ; brochure, 1831.

Visite à l'Arc de Triomphe de l'Étoile, sous le pseudonyme du lieutenant G..., brochure, 1836.

Essais pour servir à l'histoire d'Espagne, de 1820 à 1823, traduit de M. le marquis de Miraflorès, avec un avant-propos du traducteur, 2 vol. roy., in-8°, 1836.

Essais historiques et critiques sur la législation civile et criminelle en France, in-8° de 600 pages, 1843.

Réforme de l'ordre judiciaire et rétablissement du divorce, 1848.

Coup d'œil historique et statistique sur les forces militaires des principales puissances de l'Europe, Confédération germanique, Prusse, Autriche, Angleterre, Russie, armée française ; in-8°, 400 pages, 1858.

Paris moderne, plan d'une ville modèle que l'auteur a appelée Novutopie ; in-8°, 517 pages, 1860.

Collège de France et Sorbonne (M. Édouard Laboulaye, professeur de législation comparée) ; brochure, 1861.

Notice sur M. le général Delmas de Grammont ; brochure, 1862. (Question de la chair du cheval pour l'alimentation.)

Liberté du travail, Vénalité des offices ministériels. Ouvrage adressé au Sénat, in-8°, 192 pages, 1863.

Seconde pétition au Sénat, Liberté du Travail, brochure, 1865.

Le Capitaine Godard, sa vie et ses œuvres, in 8°, 400 pages, 1866.

Aurons-nous la guerre ? brochure in-18, 1868.

Paris. — Imprimerie de Ad. Lainé, rue des Saints-Pères, 19.